SOMMAIRES

DE

PHILOSOPHIE SPIRITUALISTE

Suivant l'ordre du programme officiel du baccalauréat ès-lettres

Par M. Clément GOURJU

Ancien professeur de philosophie
Officier de l'Instruction publique.

PARIS
CHEZ LECOFFRE, LIBRAIRE-ÉDITEUR
90, RUE BONAPARTE, 90

1883

SOMMAIRES

DE

PHILOSOPHIE SPIRITUALISTE

Suivant l'ordre du programme officiel du baccalauréat ès-lettres

1882 Par M. Clément GOURJU

Ancien professeur de philosophie
Officier de l'Instruction publique.

PARIS

CHEZ LECOFFRE, LIBRAIRE-ÉDITEUR

90, RUE BONAPARTE, 90

1883

AVIS.

1° Ces sommaires tiendront lieu d'une cinquième édition de mon *Cours de philosophie élémentaire*.

2° Ils ne pourront pas suppléer aux réflexions personnelles, ni aux lectures, ni à l'enseignement oral. Mais ils pourront, malgré des lacunes peut-être trop nombreuses, servir à fixer dans l'esprit et dans la mémoire les points essentiels de la doctrine spiritualiste.

3° Les mots en *italique* y forment par leur suite et leur ensemble le texte même du programme officiel, sauf quelques légers changements dans l'ordre de ce texte.

4° Je me suis arrêté à la question de l'*immortalité* ; j'ai laissé celle intitulée *Conclusion du cours* et l'*Histoire de la philosophie*, me réservant de compléter mon œuvre, s'il y a lieu, dans une édition ultérieure.

C. G.

INTRODUCTION

La science est la connaissance réfléchie.

Une science est un ensemble de connaissances réfléchies ayant un même objet. Les sciences se classent d'après leurs objets.

Classification des sciences (d'après Ampère). Deux règnes : 1° sciences cosmologiques ayant pour objet le monde des corps ; 2° sciences noologiques ayant pour objet le monde des esprits. Quatre branches du 1er règne : sciences mathématiques, physiques, naturelles, médicales. Quatre branches du second règne : sciences philosophiques (et théologiques), dialegmatiques (littérature et arts), historiques, sociales.

Qu'appelle-t-on philosophie des sciences, de l'histoire, etc.? La connaissance réfléchie des principes et des méthodes de chaque science. Exemple, philosophie de l'histoire : 1° principes de l'histoire d'après la nature de l'homme et la nature de Dieu (liberté, devoir, passions, intérêts, providence, etc.); 2° méthode de l'histoire et règles de la critique historique.

Objet propre de la philosophie : l'âme humaine et Dieu.

Ses divisions : 1° science de l'âme (psychologie) ; 2° science de Dieu et de l'être (théodicée et métaphysique) ; 3° sciences pratiques dérivées (logique, morale, esthétique) ; 4° histoire et critique des systèmes philosophiques.

A l'étude de la philosophie se joignent utilement des notions empruntées à d'autres sciences, et surtout à la physiologie, à la littérature, à l'histoire, à l'économie politique (1).

---

(1) La physiologie appartient aux sciences naturelles (1er règne), l'économie politique aux sciences sociales (second règne).

PSYCHOLOGIE, 1.

Objet de la psychologie : l'âme humaine, ou l'être qui en nous agit, sent, connaît, aime, veut, etc.

Les degrés et les limites de la conscience. 1er degré, connaissance instinctive de soi-même et de ses manières d'être ; 2°, degré, cette même connaissance réfléchie, plus distincte et plus claire. La conscience n'est pas limitée à la connaissance de nos manières d'être ; nous sentons et affirmons, en même temps que nos phénomènes passagers, notre existence permanente et notre causalité ou pouvoir de produire des actes. La connaissance de nous-mêmes doit être entièrement distinguée 1° de la connaissance des corps et de notre propre corps, 2° de la connaissance des vérités nécessaires et universelles.

Distinction et relation des faits psychologiques et des faits physiologiques : 1° les faits psychologiques sont ceux de l'âme, les faits physiologiques sont ceux des organes et de leurs fonctions ; 2° les premiers sont inaccessibles aux sens, les seconds ne sont connus que par les sens. Exemple. Nous savons que nous pensons, mais la pensée est invisible. Au contraire, le cerveau, organe principal de la pensée, n'est connu que par la vue et le toucher ; on peut penser sans savoir qu'on a un cerveau ; beaucoup d'anciens plaçaient la pensée dans le cœur ou même dans le diaphragme. — Dans la vie actuelle, 1° le cerveau paraît la condition nécessaire de toute pensée, 2° l'état du cerveau influe considérablement sur la pensée ; mais il n'y a ni identité ni même ressemblance entre les phénomènes de la pulpe cérébrale et la pensée, pas plus qu'entre l'orgue et l'organiste, qu'entre le couteau qui me blesse et la douleur qui suit la blessure.

PSYCHOLOGIE, II.

Sources d'informations de la psychologie : conscience ou connaissance de soi-même, soit instinctive, soit réfléchie; *langues* ou expression des faits de l'âme par les mots et les phrases ; *histoire* ou produits sociaux dans le passé des volontés, des pensées et des passions humaines.

Utilité de la psychologie comparée (voir le dernier numéro de la psychologie).

De l'expérimentation en psychologie. Elle peut se faire par des souvenirs personnels réfléchis, par des circonstances personnelles produites avec l'intention de les observer, par les manifestations que d'autres hommes donnent d'eux-mêmes dans leurs discours, leurs écrits, leurs actes.

Classification des faits de conscience. Nous les avons énumérés dans cinq verbes : agir, sentir, connaître, aimer, vouloir (n° 1). On pourrait, comme Descartes, allonger cette liste par d'autres verbes; on peut, au contraire, la restreindre aux trois premiers, si par aimer on entend une manière de sentir, et par vouloir une manière d'agir. L'énumération de cinq termes, quoique réductible, a l'avantage d'être le tableau abrégé de la vie humaine. L'âme est essentiellement active; elle ne sent que parce qu'elle agit instinctivement ; elle ne connaît qu'à la condition de sentir, elle n'aime qu'autant qu'elle connaît, et il faut qu'elle connaisse et qu'elle aime pour vouloir, c'est-à-dire pour agir avec choix.

L'étude des facultés (numéros suivants), amènera d'autres classifications plus détaillées des faits psychologiques.

PSYCHOLOGIE, III.

La sensibilité, faculté de sentir. Mais le mot SENTIR a cinq significations ; celui de SENSIBILITÉ ne doit correspondre qu'aux deux premières.

1° et 2° Sentir, c'est éprouver des états agréables ou désagréables, qui, sans arriver ordinairement aux degrés appelés *émotions*, reçoivent de quelques philosophes cette dénomination pour la facilité du langage; on les nomme mieux, suivant le cas, *plaisirs et douleurs*. 1° si les plaisirs et les douleurs sont le résultat des impressions des organes, ou plus exactement des nerfs, on les nomme *sensations* ; *sentiments*, au contraire, quand ils ne dépendent pas des impressions nerveuses (par exemple, le plaisir de l'amitié, de l'admiration, etc.).

3° Sentir signifie souvent percevoir les impressions des organes (et leur concevoir des causes extérieures), surtout par les sens de l'odorat et du toucher (sentir les odeurs, les résistances, le chaud et le froid). Dans ces cas, il y a tout à la fois sensations et perceptions (ou, suivant le langage impropre et équivoque de Condillac, sensations affectives et sensations représentatives).

4° Sentir signifie d'autres fois apercevoir instinctivement et obscurément la vérité, et se traduit aussi par avoir le sentiment de... Exemple : sentir qu'une chose est vraie, avoir le sentiment du vrai.

5° Enfin SE SENTIR est synonyme de se connaître, avoir conscience de soi-même, de ses facultés, de ses manières d'être. « L'âme est une force qui se sent. »

En somme la SENSIBILITÉ est la faculté d'éprouver des sensations et des sentiments, et s'appelle, suivant le cas, sensibilité physique (1°) ou sensibilité morale (2°). Elle ne doit jamais s'entendre comme faculté de percevoir (3°), ou d'entrevoir la vérité (4°) ou de se connaître soi-même (5°). Elle doit en outre se distinguer de la sensibilité organique.

PSYCHOLOGIE, IV.

La sensibilité (suite).

Tout être actif l'est dans des directions déterminées, qui varient suivant les espèces. L'âme humaine, essentiellement active, a donc ses directions naturelles, ses *inclinations*, ses attraits et ses répugnances. Comme être raisonnable, elle est tenue de modérer ses inclinations ou de les exciter, pour ne pas s'écarter de leur but ou pour l'atteindre mieux. Quand les inclinations ne sont pas soumises à la raison, elles sont déréglées, et se nomment *passions*. Cependant en philosophie passions et inclinations sont quelquefois synonymes : c'est ainsi que Bossuet a fait l'étude des onze passions de l'âme, d'après l'Ecole.

La sensibilité s'explique par les inclinations satisfaites ou contrariées ; la sensibilité physique par les besoins et les appétits du corps, la sensibilité morale par les TENDANCES de l'âme. Les tendances, beaucoup plus variées que les appétits, demandent à être classées. On peut les ramener à cinq types :

1º L'AMOUR DE SOI, comprenant l'amour de l'existence et du bonheur (d'où le désir, l'aversion, l'espérance, la crainte, etc.), le désir de l'action, ceux de la perfection, de la possession, de la supériorité, du pouvoir ; il peut dégénérer en égoïsme, jalousie, haine, despotisme et vices divers ;

2º L'AMOUR DE SES SEMBLABLES, comprenant les six affections de famille, le patriotisme, les quatre espèces d'amitié, les diverses sympathies, la philanthropie ;

3º L'AMOUR DE LA NATURE, qui se résout en amour des manifestations de la vie, de la grandeur, de la variété, de l'unité, de la puissance et de l'ordre ;

4º L'AMOUR DE L'IDÉAL (1) (le bien, le vrai, le beau), engendrant la vertu, la science, l'art ; principe du zèle, des études ardentes, de l'enthousiasme ;

5º L'AMOUR DE DIEU, père de l'homme, auteur de la nature et de l'ordre, substance et principe de l'Idéal ; Platon mettait l'amour de l'Etre Bon au sommet de tous les autres ; et Louis IX disait au nom de la plus haute raison : la mesure d'aimer Dieu est de l'aimer sans mesure.

---

(1) L'Idéal rationnel, qu'il faut distinguer des idéaux d'imagination.

PSYCHOLOGIE, V.

L'intelligence. — *Acquisition, conservation et combinaison de la connaissance.*

La connaissance des corps s'acquiert par les sens, celle de l'âme par la conscience, appelée aussi sens intime. Celle des premiers principes ne s'acquiert pas, et sans être constamment présente à l'esprit, elle n'est jamais nouvelle pour lui. Par exemple, on n'apprend pas que TOUT A SA RAISON, on le sait naturellement et d'avance. Voilà ce que quelques philosophes ont appelé des idées innées, expression équivoque qu'il vaut mieux éviter.

Acquisition. Données de la conscience et des sens.

Données de la conscience : agir, sentir, connaître, aimer, vouloir, et de plus notre existence et notre causalité (n° 1).

Données des sens : les apparences ou phénomènes des corps : odeurs, saveurs, sons, par l'odorat, le goût, l'ouïe, figures apparentes et couleurs par la vue ; étendue, résistance, température par le toucher. Ces manifestations des choses ne sont pas les choses mêmes ; mais comme elles supposent des existences et des causes, ce sont des signes que nous interprétons rapidement, instinctivement, quelquefois mal, puis mieux, et de mieux en mieux, par l'expérience et la réflexion. On voit un corps et on le touche comme on lit Homère ; or, on ne lit pas vraiment un auteur, chose absurde, ni ses pensées, mais seulement des lettres.

Conservation par la *mémoire* ou durée plus ou moins longue et sûre des idées acquises (1), et l'*Association des idées* ou succession rapide d'idées qui ont des rapports de temps, de lieu, de similitude, de contraste, ou des rapports logiques plus importants de cause à effet, de principe à conséquence. (Voir plus loin l'HABITUDE et, pour la mémoire, l'IDENTITÉ.)

Combinaison des idées par l'*imagination;* la mémoire doit être fidèle, l'imagination est inventive ; elle commence par les images, continue par les idées, crée des types, et produit dans les arts une fécondité inépuisable. Elle est utile même aux sciences. (Voir plus loin l'HYPOTHÈSE.) Elle contribue puissamment au charme et au tourment de l'existence.

---

(1) On est certain que la mémoire dépend des états variés du cerveau ; mais 1° on ne sait pas au juste en quoi consistent ces états du cerveau ; 2° l'influence exercée par ces états sur nos souvenirs ne constitue pas une identité entre les uns et les autres (n° 1).

PSYCHOLOGIE, VI.

L'intelligence (2º).

Élaboration ou formation de la connaissance par l'effort de l'esprit, par l'attention soutenue.

Formation des idées abstraites et générales. 1º L'attention se fixe sur un point dans un objet, l'isole, l'abstrait, le rend plus clair ; 2º même opération sur d'autres objets ; 3º la ressemblance des divers objets en ce point déterminé se manifeste ; 4º l'esprit conçoit la POSSIBILITÉ d'autres objets semblables. Ce 4ᵉ degré constitue la généralisation, qui tire sa force de l'idée du possible, c'est-à-dire de l'idée de cause.

Jugement : Affirmation qu'un attribut (y compris l'existence), est vrai d'un sujet concret ou abstrait; je pense, je suis, la terre tourne, le savoir a son prix.

Raisonnement : Jugement porté en vertu d'un précédent ou bien affirmation du rapport de deux termes par suite de leur comparaison successive avec un troisième. Se prend quelquefois pour l'affirmation que l'on fait d'une cause ou d'une loi, à propos des phénomènes suffisamment observés (induction).

Les principes directeurs de la connaissance sont ceux sans lesquels la connaissance se bornerait à des affirmations particulières sans atteindre les conceptions universelles, les causes, les lois, les conséquences raisonnées. Leibniz les ramène à deux : 1º le principe de contradiction, 2º le principe de la raison suffisante (TOUT A SA RAISON). On les retrouvera en logique.

Données de la raison ou notions essentielles de l'esprit humain : 1º Idées d'être et de cause; 2º d'espace et de temps ; 3º d'unité, de loi, de fin, d'ordre ; 4º de vrai, de bien, de beau ; 5º de l'être parfait ou infini.

Peut-on les expliquer par l'expérience ? Non, elles sont nécessaires et universelles, celles de l'expérience sont contingentes et particulières ; par *l'association des idées ?* cercle vicieux : deux idées s'associent parce qu'elles sont, elles ne sont pas parce qu'elles s'associent; *ou par l'hérédité ?* 1º les idées ne se transmettent pas; 2º en remontant aux ancêtres, il faudra dire comment elles ont existé dans l'esprit des ancêtres.

PSYCHOLOGIE, VII.

L'intelligence (3°).

Les résultats de l'activité intellectuelle, c'est-à-dire toutes nos connaissances acquises, ont pour objets ou nous-mêmes, ou les êtres et les causes extérieures qui nous entourent, ou Dieu. *L'idée de moi*, c'est celle d'une âme qui a conscience qu'elle agit, sent, connaît, aime et veut (n° 1), et qui est cause efficiente de ses actes. *L'idée du monde extérieur*, c'est celle des substances étendues et des causes, connues ou non, différentes de nous, qui agissent sur nos organes. *L'idée de Dieu* est celle de l'être nécessaire, parfait, cause première des êtres contingents et imparfaits.

Notions d'esthétique. Le beau, souvent défini la splendeur du vrai, a pour caractères principaux l'unité dans la variété, la vie, la grandeur, la puissance, l'ordre, exprimés par des figures visibles ou par des sons ; il diffère de l'agréable et de l'utile ; sa conception a les caractères rationnels de nécessaire et d'universelle. *L'art* est la production du beau par l'imitation de la nature ou par la réalisation des conceptions de l'esprit, et prend les noms d'architecture, de dessin, de peinture, de musique, de danse (art des mouvements lents ou rapides, graves ou gracieux). On peut dire *des principes et des conditions des beaux-arts*, qu'ils ressortent à la fois de la raison (goût), de l'expérience et de l'imagination. *L'expression* du beau est limitée aux deux sens de la vue et de l'ouïe, les deux seuls esthétiques. *L'imitation* de la nature soit physique, soit morale est une condition fréquente, mais non unique ni infaillible, de l'art ; *la fiction* tantôt se joint à l'imitation, tantôt s'en affranchit ; elle suppose *l'idéal* d'imagination, c'est-à-dire la conception d'un type de perfection relative.

PSYCHOLOGIE, VIII.

Des modes divers de l'activité psychologique. Ils sont au nombre de trois : 1° *instinct* ou activité sans réflexion, mais sans hésitation, poursuivant par des moyens souvent inconnus un but souvent inconnu lui-même; distinguer les instincts de l'âme et les instincts des organes; 2° *activité volontaire* ou *volonté; analyse de l'acte volontaire :* 1. Suspension de l'activité instinctive ou irréfléchie, 2. délibération, 3. décision, 4. exécution dans les limites de la puissance dont on est doué; 3° *habitude*, ou facilité acquise par la répétition, semblable à l'instinct, mais ultérieure et conquise au lieu d'être primitive et naturelle, et consistant dans la succession rapide des mouvements, ou des idées, ou des sentiments après les idées, ou des résolutions prises et exécutées après les idées et les sentiments.

La liberté. Trois sens principaux : 1° le pouvoir de choisir entre deux motifs d'action, et surtout entre la raison et la passion, entre le bien et le mal (libre arbitre); 2° la facilité de plus en plus grande dans le choix du bien, l'affranchissement progressif des passions (indépendance morale, le sage seul est libre); 3° la liberté d'action, le pouvoir d'exécuter sans contrainte et sans obstacle (indépendance extérieure).

Le LIBRE ARBITRE est quelquefois contesté par des systèmes. Cette négation est hypothétique et gratuite, en opposition avec l'affirmation constante de la conscience, et en contradiction avec le langage même et la conduite de ceux qui le nient. Son évidence n'a besoin d'aucune démonstration; mais elle est confirmée par toutes les langues, par la pratique même des fatalistes qui invoquent sans cesse leur responsabilité et celle d'autrui, par l'institution perpétuelle et universelle des peines et des récompenses privées et publiques.

Des manifestations de la vie psychologique par *les signes* ou phénomènes sensibles associés naturellement ou par convention à des idées. Un système de signes est un *langage*, naturel ou artificiel, articulé ou écrit; sans langage, la pensée, toutes les fois que son objet n'est pas sensible, serait sans consistance, sans durée, sans puissance. La formation du langage conventionnel suppose nécessairement dans celui qui le fait ou le reçoit la perception réfléchie, la conscience réfléchie, des conceptions rationnelles réfléchies. Il est du reste indubitable que l'enfant ne parle qu'à la condition qu'on lui parle, et que ses cris mêmes ne deviennent pour lui un langage que quand il les a remarqués. Les langues sont plus ou moins synthétiques et analytiques. Ce dernier caractère est surtout celui des langues modernes et savantes. Toute science a besoin d'une langue bien faite et perfectionne de plus en plus la sienne, et une langue parlée n'est parfaite que si elle peut s'exprimer par une écriture analytique, c'est-à-dire alphabétique. La perfection de l'alphabet est d'avoir autant de signes que la langue parlée a d'articulations et de sons distincts, sans double emploi d'aucun signe. Aucune écriture connue ne réalise entièrement cet idéal.

PSYCHOLOGIE, IX.

Rapports du physique et du moral, ou influence réciproque des organes sur l'âme, et de l'âme sur les organes. Ces rapports se ramènent en dernière analyse aux deux suivants : 1° les impressions nerveuses peuvent être suivies de sensations et de perceptions, faits de l'âme et non du corps, mais passifs, c'est-à-dire produits par d'autres causes que l'âme ; 2° les volontés de l'âme peuvent produire des impressions cérébrales et nerveuses suivies ou non de mouvements musculaires. L'âme n'est pas un pilote dans son navire (Platon), ni un prisonnier dans sa prison, ni même un organiste assis à son orgue ; elle est un être actif, intelligent et sensible adapté à un système d'organes réciproquement faits pour elle et constituant avec elle UN TOUT NATUREL (Bossuet) ; suivant l'expression d'Aristote, adoptée, mais interprétée et corrigée par les conciles chrétiens et les papes, L'AME RAISONNABLE EST ESSENTIELLEMENT LA FORME DU CORPS (1).

Le sommeil est pour le corps la suspension momentanée, mais non entière, de la fonction cérébrale, pour l'âme la suspension de l'attention volontaire ; *les rêves* sont des idées sans suite ou liées sans l'intervention de la volonté ; *le somnambulisme*, un sommeil où l'association des idées et la puissance instinctive de l'âme sur le système nerveux et musculaire sont à des degrés exceptionnels ; *l'hallucination*, l'affirmation involontaire d'une réalité d'après des apparences qui ont été associées antérieurement et légitimement à l'idée de cette réalité ; à un degré faible, l'hallucination est une illusion ; l'hallucination et l'illusion ne précèdent pas la perception, elles la suivent et la supposent, comme toute vérité [*erreur*] suppose une vérité antérieure. *La folie* est une hallucination permanente, et la suspension prolongée et quelquefois incurable de l'empire de l'âme sur elle-même ; cette suspension peut n'être que partielle, et le même homme être sensé en certaines choses et insensé en d'autres. Il n'est pas d'homme, a-t-on dit, qui n'ait son grain de folie.

---

(1) Conciles généraux de Vienne et de Latran, Clément V, Léon X et Pie IX. Ne pas confondre cette doctrine avec celle de l'animisme absolu.

PSYCHOLOGIE, X.

Les *éléments de psychologie comparée* sont les différences 1° des individualités; 2° des âges; 3° des sexes; 4° des tempéraments; 5° des états de santé ou de maladie; 6° des occupations de la vie et des professions; 7° des climats; 8° des religions; 9° enfin et surtout celle de l'homme et de la bête.

Utilité de la psychologie comparée (n° 2): 1° compléter les unes par les autres les observations faites avec ces conditions variées; 2° se rendre compte des diverses influences que l'on passe en revue; 3° découvrir et confirmer l'unité de la nature humaine dans cette immense variété; 4° enfin et surtout mieux comprendre l'absolue supériorité de l'homme sur la bête.

Cette supériorité n'est pas de degré, mais de nature. Elle comprend : — au-dessus de la perception, de la conscience instinctive, et de quelques opérations instinctives communes à l'homme et à la bête : 1° la conscience réfléchie avec affirmation de soi-même; 2° la raison proprement dite, ou connaissance réfléchie des vérités premières, nécessaires et universelles, ayant pour terme suprême la distinction du bien et du mal et la notion de Dieu; 3° la plénitude du jugement, de l'induction et du raisonnement réfléchi; — au-dessus des sensations et de quelques sentiments affectifs, les trois dernières des cinq espèces de tendances (n° 4); — au-dessus de l'activité instinctive et d'un certain degré de volonté, la volonté supérieure déterminée par des motifs de raison, et le pouvoir du choix libre et réfléchi entre le bien et le mal.

LOGIQUE, I.

Définition et division de la logique : SCIENCE des procédés intellectuels, ART de penser, d'où : 1° logique formelle ; logique appliquée.

Logique formelle ou étude des formes 1° de l'idée, 2° du jugement, 3° du raisonnement déductif. Les autres procédés n'ont pas de forme déterminée, et leur étude reste mêlée avec la logique appliquée.

Les *idées* sont des connaissances ou des éléments de connaissance sans affirmation actuelle ; elles s'expriment par des *termes*. Les *jugements* (psychologie n° 6) s'expriment par des *propositions*, qui contiennent deux termes (sujet et attribut) unis par le verbe signe de l'affirmation, souvent sous-entendu surtout dans certaines langues.

La proposition appelée *définition* a pour caractère l'identité du sujet et de l'attribut. Tout mot doit se définir, c'est-à-dire avoir un sens propre bien convenu, auquel s'ajoutent souvent des sens accessoires et des sens figurés. Les définitions de choses sont ordinairement des définitions d'ESPÈCES, par le GENRE PROCHAIN et la différence spécifique. Leur règle essentielle est de convenir à tout le défini et à lui seul, de ne pécher ni par défaut ni par excès.

Le raisonnement déductif ou *déduction* procède du même au même ou du plus au moins. Les mathématiques en sont le modèle. Le *syllogisme* est sa forme théorique, comprenant trois propositions, majeure, mineure et conclusion. L'attribut de la conclusion ou grand terme, son sujet ou petit terme alternent, dans la majeure et la mineure avec un moyen terme ; les deux places du moyen terme varient de quatre manières, ce sont les quatre FIGURES du syllogisme ; la majeure et la mineure (prémisses) peuvent être chacune universelle ou particulière (quantité), affirmative ou négative (qualité), et présenter seize combinaisons ou MODES, qui, multipliés par les quatre figures, donnent soixante-quatre formes, dont dix-neuf seulement produisent une conclusion. L'étude des figures, des modes et de toutes les formes syllogistiques est utile comme analyse d'un procédé considérable. Pratiquement, la justesse et la fausseté d'un argument sont plutôt une affaire de bon sens et de bonne foi que de science. La maxime suivante de Port-Royal a en vue cet examen pratique : « l'une des prémisses doit contenir la conclusion, et l'autre le faire voir. »

LOGIQUE, II.

Logique appliquée. Des méthodes. La méthode, en général, est l'emploi habile et légitime de nos facultés pour découvrir la vérité, l'exposer, aller et conduire du connu à l'inconnu.

Les principaux procédés de l'esprit dans ses recherches sont : 1° l'observation des faits physiques par les sens; 2° l'observation des faits psychologiques par la conscience ou sens intime; 3° l'expérimentation ou observation artificielle; 4° l'hypothèse ou supposition des faits ou des lois; 5° l'induction ou généralisation des faits observés et conception des causes et des lois de ces faits; 6° la déduction ou découverte des conséquences contenues dans les principes; 7° le témoignage et l'autorité, ou recours à d'autres hommes pour connaître la vérité ou pour confirmer la connaissance que nous en avons.

Le mot *analyse* a pour sens propre l'observation des détails physiques ou des éléments chimiques d'un tout matériel (corps, parties d'un corps, réunion de corps), et le mot *synthèse* l'observation des rapports de ces parties et de ces éléments et la reconstitution de leur ensemble. Par extension, ces mots s'appliquent à tous les procédés de l'esprit, toutes les fois qu'ils offrent quelque analogie avec ces deux modes d'observation sensible, par exemple, à l'observation psychologique, et même à des touts idéaux, à des conceptions abstraites, à des produits de l'imagination, etc. (analyse grammaticale, littéraire, mathématique, etc.). Analyse signifie aussi recherche de la vérité et synthèse son exposition. Les travaux de l'analyse sont longs, les résumés de la synthèse doivent être courts. Ainsi la formule $\pi = 3,14159265$, est la synthèse d'une analyse composée de raisonnements très-longs et de calculs extrêmement laborieux.

LOGIQUE, III.

Logique inductive, c'est-à-dire de l'INDUCTION et des procédés qui se groupent autour de ce procédé principal, et forment la méthode ou les *méthodes des sciences de la nature*.

Observation ou étude attentive des faits : 1° recueillir fidèlement et sincèrement les faits, sans y rien ajouter, sans en rien retrancher ; 2° contrôler constamment les hypothèses (faits supposés, causes ou lois supposées) par les faits réels.

Expérimentation ou observation artificielle et savante par laquelle : 1° on s'efforce de reproduire les faits utiles ; 2° on les isole pour mieux déterminer leur rapport mutuel et leur véritable nature ; 3° on en modifie la reproduction par l'introduction ou l'élimination des accessoires plus ou moins influents. Mêmes règles que pour l'observation simple.

Les définitions empiriques résument l'observation et l'expérimentation, et sont variables et progressives.

Hypothèse, supposition de faits ou conception ingénieuse de leur explication. 1° toute hypothèse est provisoire ; 2° elle doit être suggérée, puis contrôlée, vérifiée, modifiée ou supprimée par l'observation des faits réels ; 3° elle ne doit prendre rang parmi les inductions avérées qu'après des vérifications évidemment décisives.

Induction, hypothèse devenue indubitable, conception définitive d'une loi de la nature. Elle a pour principe rationnel la conviction que les causes de la nature sont permanentes et leur action invariable.

Analogie ou similitude des faits cachés présumée par la similitude des faits apparents. L'analogie ne peut produire que des conjectures, qui sont en général les germes des hypothèses.

Classification. Quand les faits ou les êtres observés sont nombreux, il devient nécessaire de les classer, c'est-à-dire de les réunir d'après leurs ressemblances et de les séparer d'après leurs différences. Ces groupes s'appellent ESPÈCES quand ils sont contenus dans d'autres, et ceux-ci s'appellent GENRES. Les genres peuvent devenir espèces et les espèces genres à mesure que la classification s'agrandit. En histoire naturelle, on emploie d'autres noms qui forment une hiérarchie (règnes, embranchements, classes, ordres, familles, genres, espèces, variétés, etc.). Le genre qui contient plusieurs espèces, dépasse chacune d'elles en étendue ou EXTENSION ; mais la notion d'une espèce contient un ou plusieurs éléments de plus que la notion du genre, et la dépasse en COMPRÉHENSION. Règle des classifications : 1°, autant que possible, choisir des différences essentielles ; 2° tenir compte simultanément de toutes les différences essentielles. Les classifications d'abord artificielles, deviennent ainsi par degrés naturelles et rationnelles.

LOGIQUE, IV.

Application de ces méthodes aux sciences psychologiques (voir psychologie n°ˢ 1, 2). L'observation des faits de l'âme est soumise aux mêmes règles que celle des faits sensibles, et peut conduire comme elle à des inductions légitimes. — Remarques importantes : 1° l'une des deux observations ne peut être substituée à l'autre (1) ; 2° l'observation du moi contient, outre la connaissance des faits, celle de son existence et de sa causalité, et celle des principes nécessaires et universels ; ces principes dépassent la conscience par leur puissance, mais relèvent d'elle comme connaissances ; ainsi la conscience trouve en elle-même la raison d'affirmer hors d'elle les causes physiques et la cause première. Renier ces affirmations, c'est violer la règle de toute observation, c'est changer le vrai et complet positivisme en un négativisme étroit.

A l'observation des sens et à celle de la conscience se joint l'observation du TÉMOIGNAGE, applicable principalement *aux sciences historiques ;* l'histoire et la géographie ont aussi leur certitude. *Les sources de l'histoire* se réduisent toujours à des témoignages connus par la parole, par l'écriture, par les monuments. *La critique du témoignage* est très-variée dans les détails, mais a toujours pour but d'établir trois conditions pour les TÉMOINS consultés, ou trois conditions pour les FAITS dont les témoins ne peuvent pas être directement consultés (FAITS NOTOIRES).

TÉMOINS : 1° ils n'ont pas pu être trompés, 2° ils n'ont pas voulu tromper, 3° leur langage parlé ou écrit a été bien compris.

FAITS NOTOIRES : 1° ils sont importants, 2° ils ont eu une publicité suffisante, 3° un temps suffisant s'est écoulé sans qu'ils aient été démentis (2).

Il n'est pas sans intérêt de constater que les faits auxquels nous croyons d'après cette dernière condition des faits notoires sont innombrables et de tous les jours. C'est par la notoriété que chaque homme connaît avec toute sécurité son propre nom, sa famille, le lieu qu'il habite, etc.

---

(1) On ne doit pas se lasser de répéter qu'il est aussi absurde de vouloir faire de l'observation psychologique avec les sens qu'il le serait de vouloir connaître les couleurs par l'ouïe ou les sons par la vue. Stuart Mill, bien que positiviste, s'est étonné de cette aberration et l'a combattue avec vigueur.

(2) Les apologistes de tous les temps ont démontré que les croyances chrétiennes sont établies sur des témoignages surabondants et sur une notoriété sans égale.

LOGIQUE, V.

Logique déductive ou règles de la déduction et des procédés qui l'accompagnent.

Méthode des sciences abstraites et particulièrement des sciences mathématiques.

1. *Définitions rationnelles* ou plutôt abstraites. Elles sont le résumé des abstractions qui ont produit la conception à définir. Exemple : les abstractions exprimées par les mots trois, ligne droite, angle, surface, ont dû précéder celle du triangle, et elles sont résumées dans sa définition, inintelligible pour celui qui n'a pas fait les cinq abstractions. Les définitions rationnelles sont donc des produits de l'abstraction, comme les définitions empiriques (logique n° 3) sont des produits de l'observation.

2. *Axiomes*, ou vérités premières nécessaires à toute démonstration. On donne aussi ce nom à des vérités qui, sans être elles-mêmes premières, dérivent si évidemment des vérités premières qu'elles n'ont besoin d'aucune démonstration. Exemple : deux et deux font quatre. Les axiomes se réduisent en dernière analyse au principe de contradiction, mieux appelé dans ce cas PRINCIPE D'IDENTITÉ, dont la formule concise est $A = A$. Règles pratiques : 1° ne pas prendre pour axiomes des propositions qui ne sont pas immédiatement évidentes; exemple, le postulatum d'Euclide, et certains théorèmes des deux premiers livres de géométrie; 2° ne pas se refuser à l'évidence et ne pas subtiliser sur les axiomes, comme ce géomètre qui démontrait que la partie est plus petite que le tout.

3. *Déduction* (logique n° 1, syllogisme).

4. *Démonstration*, emploi de la déduction et le plus souvent d'une série de déductions pour aller d'une proposition certaine à une autre qui lui est identique ou qui en est la conséquence. Règles : 1° démontrer toute proposition qui n'est pas évidente par elle-même; 2° le faire au moyen des axiomes, des définitions et des propositions antérieures devenues évidentes par la démonstration.

Logique, VI.

Usage de la déduction dans les sciences expérimentales. Dans ces sciences, la déduction ne doit venir qu'après l'induction. C'est dans ce sens que Bacon a dit : « les premières majeures des syllogismes ne peuvent pas être établies par des syllogismes. » En résumé, le principe de la raison suffisante préside à la recherche et à la découverte des lois dans les sciences expérimentales, et le principe de contradiction ou d'identité préside aux conséquences théoriques de ces lois et à leurs applications pratiques.

Part de la déduction et de l'expérience dans la morale, le droit et la politique. Ces sciences sont déductives, et néanmoins recourent à l'expérience de plusieurs manières.

Dans la théorie, c'est par la psychologie, et par conséquent par l'observation des faits de l'âme, que l'on peut dans ces trois sciences découvrir et éclaircir les principes premiers sur lesquels se fondent leurs démonstrations.

Dans la pratique, 1° le moraliste doit observer les faits variés de la vie humaine et de la société, pour discuter les cas de conscience et discerner les conséquences variées des principes de la morale ; 2° le jurisconsulte doit étudier les lois positives, qui sont tout à la fois des faits sociaux et des principes de déduction, tout en reconnaissant au-dessus d'elles les lois absolues et primitives du juste et de l'injuste ; 3° le politique doit tenir compte de l'état des sociétés, des coutumes établies, des opinions même erronées, et des passions humaines ; l'art de gouverner consiste tout à la fois dans la grandeur des vues et dans la prudence nécessaire des compromis. (Voir en morale la notion de l'Etat.)

LOGIQUE, VII.

Nature, causes et remèdes de l'erreur.

L'erreur est un jugement faux (affirmatif ou négatif); elle diffère du mensonge en ce qu'elle est involontaire, mais elle est imputable si celui qui se trompe pouvait connaître la vérité, s'il le devait et s'il savait qu'il le devait. Tel le juge qui donne tort à celui qui a droit, par l'examen insuffisant d'une affaire qu'il pouvait mieux connaître.

Classification des erreurs : 1. De la conscience, 2. des sens, 3. de la mémoire, 4. de l'imagination, 5. de la raison, 6. de l'induction, 7. de la déduction, 8. du témoignage. Les erreurs 6 et 7 s'appellent sophismes, et ont fourni des énumérations classiques; les plus fréquents comme les plus fâcheux sont la pétition de principe, l'ambiguïté des termes, l'ignorance du sujet, la métaphore prise pour explication, etc.

Causes de l'erreur : 1° cause psychologique, la précipitation du jugement; 2° cause morale, la passion; 3° la nécessité pratique de juger par conjecture quand l'évidence fait défaut; 4° la confusion des moyens de connaître, par exemple, l'observation des sens substituée (et non-seulement adjointe) à celle de la conscience dans l'étude de l'âme, l'hypothèse et le raisonnement *à priori* substitués au témoignage dans l'étude des faits de l'histoire, etc.

Remèdes de l'erreur : 1° être attentif autant qu'il est nécessaire pour connaître la vérité; 2° se défendre contre l'influence des passions et même des sentiments légitimes, s'ils sont de nature à faire précipiter les jugements (partialité, préjugés); 3° s'abstenir d'affirmations et de négations formelles quand on ne peut aller au delà des conjectures; 4° ne pas appliquer à un ordre de vérités les moyens de connaître qui ne lui conviennent pas.

Éviter l'erreur est important, mais négatif. Le précepte de Descartes « ne croire qu'à l'évidence » ne dispense pas du précepte positif et souvent obligatoire « chercher l'évidence (1). »

---

(1) Cette obligation incombe surtout en morale et en religion. Dans cet ordre d'idées, l'évidence peut se dérober à celui qui ne la désire pas, et aussi à celui qui en est indigne.

MORALE, I.

Morale spéculative.

La MORALITÉ est, aux yeux même des naturalistes (1), un des caractères absolument distinctifs de l'homme (psychologie n° 10) ; elle suppose les notions essentielles du bien, de la liberté, du devoir, du droit, etc.

Le bien moral, appelé aussi bien en soi, bien supérieur, bien obligatoire, doit se distinguer 1° du bien sensible ou plaisir, 2° du bien personnel ou intérêt, 3° et même du bien en acte ou devoir accompli. (Le précepte n'est pas l'obéissance au précepte.)

La liberté ou libre arbitre est le pouvoir moral de choisir entre le bien et le mal ; ce pouvoir est tout à la fois secondé et limité par la sensibilité ; il est éclairé par la raison. De là deux sortes de motifs : sensibles, rationnels.

Le devoir est le rapport du bien et de la liberté. C'est une nécessité morale sans contrainte, distincte de la nécessité physique et de la nécessité psychologique. Le devoir ne dépend pas de nous, en cela il est nécessaire ; nous pouvons y consentir ou nous y refuser, en cela il est libre.

Tout être doué de libre arbitre a des devoirs ; on peut dire réciproquement : J'ai des devoirs, donc je suis libre. Ces deux notions qui peuvent se démontrer l'une par l'autre, sont néanmoins premières toutes les deux, indépendantes et inséparables ; on pourrait les appeler PARALLÈLES.

La liberté, le devoir et le droit sont corrélatifs ; chacune de ces trois notions suppose les deux autres. Ces notions sont simples, premières, et n'ont pas à être définies. 1er axiome du droit : tout être obligé doit être respecté dans l'accomplissement de son devoir ; 2° axiome : tout être libre doit être respecté dans son existence et dans l'exercice légitime de sa liberté. Le droit a été appelé une FORCE MORALE qui s'oppose à la violence. Tantôt respectée, tantôt violée, elle n'est jamais détruite : le sang d'Abel crie encore contre Caïn.

La valeur absolue de la personne (périphrase synonyme de droit), tient à la nature même de l'homme, abstraction faite de la diversité des dons de la nature et des mérites acquis, qui forment pour chaque homme sa valeur relative.

---

(1) Voir notamment L'ESPÈCE HUMAINE, par M. de Quatrefages.

MORALE, II.

Diverses conceptions du souverain bien. Elles se réduisent à trois : celle du bien obligatoire, celle du plaisir et celle de l'utilité; l'utilité peut s'appeler le plaisir calculé pour l'avenir, et le plaisir est de deux espèces : plaisir des sens, plaisir de l'esprit.

Les *doctrines utilitaires et sentimentales* sont vraies en ce qu'elles mettent le calcul et le sentiment au nombre des motifs de nos actions; elles sont fausses en ce qu'elles prétendent y réduire la morale et nier le bien en soi et l'obligation. Quant à l'épicuréisme grossier ou des sensations, il est désavoué par la presque unanimité des philosophes, à commencer par Epicure lui-même.

Les doctrines utilitaires envisagent tantôt l'utilité particulière, tantôt l'utilité générale; mais le sacrifice de l'intérêt particulier à l'intérêt général n'est concevable que dans la doctrine de l'obligation.

Parmi les doctrines sentimentales, deux ont une grande affinité avec la doctrine de l'obligation : 1° celle du sentiment moral (Hutcheson), 2° celle de la sympathie (Adam Smith). Chacune d'elles confond le jugement rationnel par lequel nous reconnaissons qu'une action est moralement bonne ou mauvaise 1° avec la satisfaction ou le remords qui s'ensuivent; 2° avec la sympathie ou l'antipathie que nous pouvons éprouver pour l'auteur de l'action. Au lieu de dire : nous jouissons parce que l'action est bonne, ces doctrines disent : cette action est bonne parce qu'elle nous fait jouir. En outre, il s'en faut que le sentiment suive infailliblement le jugement moral, et qu'il lui soit proportionnel.

La *doctrine de l'obligation*, sans méconnaître ni les sentiments ni l'utilité, y ajoute les notions du bien en soi et du devoir. Dans la pratique, les philosophes utilitaires et sentimentaux croient évidemment au devoir pour eux et pour les autres; comme hommes ils contredisent leurs systèmes de philosophes.

MORALE, III.

La vertu. La responsabilité et la sanction.

La vertu est l'habitude de faire le bien. Les différentes manières de faire le bien (voir la morale pratique) constituent les différentes vertus.

Le vice est l'habitude de faire le mal; aux différentes vertus sont opposés les différents vices.

Les idées de vertu et de vice sont étroitement unies à celles de mérite et de démérite, et celles-ci aux idées de récompenses et de peines, et par suite à celle de sanction ou de décernement des récompenses et des peines par un pouvoir légitime.

Ainsi aux deux axiomes 1° le bien en soi est supérieur au bien personnel, 2° les êtres libres sont obligés de faire le bien, succèdent ceux-ci : 3° celui qui fait le bien mérite, celui qui fait le mal démérite ; 4° il faut que le mérite soit récompensé et le démérite puni; 5° il faut des pouvoirs pour récompenser et pour punir.

Ces pouvoirs sont divers, et comme ils sont souvent insuffisants et faillibles, la raison place en Dieu la sanction suprême, définitive, parfaite et infaillible.

On peut distinguer les sanctions humaines (l'opinion, le pouvoir paternel, le pouvoir civil, les tribunaux), et les sanctions divines comprenant : 1° les sanctions naturelles, conséquences agréables ou pénibles des vertus et des vices (par exemple, l'aisance fruit du travail) ; 2° la sanction de la conscience (satisfaction ou remords); 3° la sanction divine à venir, complément et souvent réparation des précédentes et surtout des sanctions humaines.

MORALE, IV.

Morale pratique, ou énumération des principaux devoirs.

L'homme fût-il seul (Robinson dans son île), a des devoirs comme être libre et raisonnable; il en a comme membre de la famille et de la société; il en a comme créature raisonnable qui connaît Dieu, qui vient de lui et retourne à lui.

La morale personnelle comprend 1° la sagesse, c'est-à-dire la connaissance des devoirs et des moyens de les bien remplir; 2° *le courage* ou force d'âme, c'est-à-dire la disposition constante à lutter contre les obstacles, et à supporter les maux de la vie; 3° *la tempérance* ou l'usage réglé des appétits et de toutes les facultés; 4° le décorum ou le sentiment perpétuel de *la dignité humaine*, source de toutes les convenances dans la solitude, dans les relations sociales et dans les *relations avec les êtres inférieurs* (objets de soins, de patience, d'ordre, de courage, de pitié, etc.).

La morale domestique comprend les devoirs de *la famille*, l'affection fidèle des époux, le dévouement des parents, le respect et la soumission des enfants, la concorde des frères, l'union de tous dans le devoir et l'abnégation. On peut y joindre les devoirs de la camaraderie (fraternité d'âge, d'études, de profession), et ceux de l'amitié (fraternité de choix).

La morale sociale comprend d'abord les devoirs généraux envers nos semblables, réduits à deux : *la justice ou respect du droit* et *la charité* ou bienfaisance par amour. La justice est stricte ou obligatoire dans le détail, et consiste 1° à ne jamais nuire à autrui, hors le cas de défense légitime, 2° à rendre toujours à chacun ce qui lui est dû. La charité est large, c'est-à-dire obligatoire dans son principe, mais ordinairement libre dans le choix des moyens de l'exercer.

(Voir au n° 5 la morale sociale dans l'État.)

La morale religieuse (devoirs envers Dieu) comprend : 1° l'accomplissement de tous les autres devoirs avec l'intention précise de faire la volonté de Dieu; 2° l'adoration, qui est l'acte propre de subordination de la créature raisonnable et aimante; 3° la prière, c'est-à-dire surtout la demande de la lumière et de la force morales, et l'absolue soumission aux desseins de la providence; 4° l'espérance sans bornes dans l'auteur de tout bien et le réparateur de tout mal. Ces sentiments individuels ont leur expression, leur complément et leur soutien dans le culte public.

MORALE, V.

Eléments de la société. L'individu naît dans la famille et ne vit que par elle. La famille est l'élément social. La société se forme d'une réunion plus ou moins grande de familles, depuis la simple tribu jusqu'à la nation. Les liens sociaux sont les intérêts communs, le besoin de secours réciproques, les limites naturelles du sol, et à mesure que la société se perfectionne, les traditions historiques, religieuses, littéraires, politiques.

L'état social est indispensable aux familles et à chaque individu, et les économistes conviennent qu'au seul point de vue de la vie matérielle, les hommes sont moins malheureux dans les sociétés les plus imparfaites qu'ils ne le seraient dans l'isolement. De là les devoirs de chaque homme dans la société; il doit respecter son existence, la faire prospérer pour sa part, contribuer à la défense du territoire, participer à l'amélioration intérieure par ses efforts, par la discussion et la persuasion, par la revendication persévérante des droits, jamais par la violence.

Toute société a besoin d'être gouvernée, comme tout navire a besoin de pilote, sous peine de périr. Le mot ÉTAT désigne soit la société elle-même, soit l'ensemble de ceux qui la gouvernent sous la direction suprême d'un chef unique ou collectif. Dans le second sens l'Etat s'appelle aussi LE POUVOIR.

Toutes les *notions de l'Etat* peuvent se ramener à deux : 1º l'Etat, famille totale, absorbe les familles privées ou même les supprime, substitue le fonctionarisme aux initiatives personnelles, le citoyen à l'homme, et aboutit logiquement à la communauté des biens, des femmes et des enfants ; 2º l'Etat, force publique, maintient les familles, les propriétés de tous genres, favorise les initiatives personnelles ; il défend les intérêts communs, respecte et protége les droits de tous et surtout ceux des paisibles et des faibles contre la grossièreté et les agressions des violents, fait régner la justice, qui suppose des lois équitables et des juges indépendants, de là LES TROIS POUVOIRS.

En deux mots 1º l'ÉTAT MAITRE, 2º l'ÉTAT PROTECTEUR. Le premier, que rêva Platon, et que combattit Aristote, a été souvent proposé par des utopistes éminents ou vulgaires ; le second reste le type auquel aspirent les Etats modernes. On peut dire sans misanthropie qu'il n'a jamais été réalisé entièrement et sans tyrannie, avec quelque constance ; mais on peut citer des nations contemporaines, de formes variées de gouvernements, qui s'en rapprochent plus que d'autres.

MORALE, VI.

Distinction des droits naturels, du droit civil, du droit politique.

1° Droit d'exister, d'agir sans nuire aux droits d'autrui, d'acquérir, de posséder, de jouir et de disposer de ses biens, de participer à la richesse commune, de vivre suivant ses croyances et ses opinions en respectant celles des autres, de discuter de vive voix et par écrit sans calomnier et sans provoquer au désordre ou à la révolte, d'élever ses enfants conformément à ses convictions; de former des associations d'industrie, de commerce, de sciences, d'arts, de doctrines, etc.;

2° Droits naturels reconnus par les lois, lesquelles confirment ces droits et ne les constituent pas (1) et *à fortiori* ne doivent pas les violer;

3° Droit de participer directement ou indirectement par l'élection au gouvernement du pays.

Le *vote* est devenu l'acte le plus important du droit politique; quand il peut contribuer à des réformes salutaires, il devient un devoir. — *L'obéissance à la loi* est le devoir général du citoyen; elle doit aller jusqu'à subir la mort et même une mort injuste, ainsi que l'enseigna et le pratiqua Socrate, mais non jusqu'à renier sa conscience et à violer ses autres devoirs. — *Le service militaire*, dans l'état actuel de nos civilisations armées, est devenu l'obligation de tous les citoyens valides; on conçoit néanmoins que des services nécessaires rendus à l'Etat dans diverses professions (notamment par le prêtre et par l'instituteur) en dispensent partiellement ou totalement au profit réel du pays. — Sous une forme ou sous une autre, *le dévouement à la patrie* est une obligation pour tous, et il est la vertu de tous les hommes de cœur; les protestations bruyantes n'en sont pas la marque la plus sûre; être un bon citoyen, c'est avant tout remplir scrupuleusement ses devoirs privés, ceux de la famille, ceux de sa profession; c'est donner aux autres l'exemple des vertus sociales, c'est-à-dire de la justice, de l'abnégation et de la charité.

---

(1) Ainsi la définition légale de la propriété proposée au dernier siècle, « le droit pour chaque citoyen d'user des biens que lui reconnaît l'Etat, » supposait l'Etat maître des biens et autorisait leur confiscation.

NOTIONS D'ÉCONOMIE POLITIQUE, I.

L'économie politique ou SCIENCE DE LA RICHESSE fait partie du groupe des sciences sociales (introduction); elle emprunte à la philosophie des notions de psychologie, des règles de logique et des préceptes de morale, la maxime surtout que la vertu est la première des richesses et la condition des autres, et cette autre que les richesses morales, artistiques, scientifiques sont supérieures aux richesses matérielles.

L'économie politique, science de création moderne, comprend trois problèmes : 1° la production de la richesse, 2° sa circulation et sa distribution, 3° sa consommation. Elle traite plutôt de la richesse matérielle, mais sans oublier ses conditions morales.

Production de la richesse. La nature fournit la matière et les forces, et l'homme les approprie à ses besoins. *Les agents de la production* sont, après la matière et les forces naturelles : 1° *le travail* ou efforts persévérants de l'homme pour rendre ou pour former les objets utiles, avec l'aide de la science, de l'esprit inventif et de la division du travail (1); 2° *l'épargne* ou produit réservé par la prévoyance et la tempérance en vue de l'avenir; 3° *le capital* ou épargne accumulée et transformée en instruments, maisons, machines, valeurs diverses, qui rendent la production plus facile et plus abondante.

Le travail a pour conséquence légitime *la propriété* (2). La maxime sous-entendue dans la question de la propriété est celle-ci : l'objet inutile et sans maître que j'ai rendu utile par mon travail est à moi : exemple, le verre d'eau que j'ai pris la peine d'aller chercher à la source. Quand plusieurs coopèrent à rendre l'objet utile, la propriété est commune, et le partage doit se faire en vertu des conventions établies d'avance.

La propriété du salaire d'une journée, celle d'un domaine, et dans l'ordre intellectuel celle d'une œuvre littéraire, celle d'un talent acquis par l'étude, etc., ont une origine analogue et le même caractère personnel.

Le droit de propriété a pour conséquences simples et claires le droit de transmission par échange, par contrat, par donation, par héritage.

---

(1) Sans la division du travail, a-t-on dit, la vie d'un homme suffirait à peine à la fabrication d'une montre.

(2) La propriété dérive aussi du droit du premier occupant, mais ce droit serait vain sans le travail.

NOTIONS D'ÉCONOMIE POLITIQUE. II.

Circulation et distribution des richesses. C'est parce que la richesse est mobile et divisible qu'elle est féconde. La circulation se fait par *l'échange* d'un produit utile contre un autre. Cet échange n'est le plus souvent possible que par un produit intermédiaire, *la monnaie.* En un sens la monnaie est un produit, une marchandise comme une autre, puisqu'elle s'échange, et puisqu'à l'instar des autres elle perd de son prix en devenant plus abondante; mais son caractère propre est de s'échanger contre toutes les autres et d'en être la commune mesure. Certains métaux, surtout l'or et l'argent, réunissent seuls les propriétés convenables à un tel usage : 1° ils ont une valeur réelle et déterminée sous un petit volume ; 2° ils sont durs et résistants; 3° ils se conservent indéfiniment sans altération ; 4° ils peuvent porter une empreinte durable qui exprime et garantit leur valeur.

Sans la monnaie, le commerce, c'est-à-dire l'échange abondant, serait impossible. Mais à mesure que le commerce s'étend, la monnaie elle-même devient insuffisante, soit par l'incommodité fréquente des paiements immédiats et sur place, soit par le défaut de numéraire. Le paiement immédiat et sur place est souvent suppléé par des promesses de payer plus tard, billets à ordre, par des paiements en d'autres lieux, lettres de change, et le numéraire l'est par des chèques et billets de banque, dont la valeur nominale est échangeable contre des valeurs réelles.

Ces procédés seraient impossibles sans la confiance et *le crédit*, et celui-ci sans des habitudes généralement établies de probité et de fidélité aux engagements.

L'emploi des billets de banque a l'heureux effet d'ajouter à la quantité insuffisante du vrai numéraire une quantité triple ou quadruple de valeurs fictives qui le remplacent commodément et avec sécurité.

Le salaire est tantôt une rémunération convenue pour un service rendu, tantôt une part déterminée de bénéfice convenue avec ceux qui contribuent à former le produit. Le salarié est un associé qui ne court pas de risques, mais qui par là même n'a pas autant de droit au profit que l'associé qui court les risques.

L'intérêt est le prix que l'on paie pour user des capitaux d'autrui; on pourrait l'appeler le salaire du capital. L'usure est un intérêt excessif, proscrit par la morale et par les lois.

NOTIONS D'ÉCONOMIE POLITIQUE, III.

La *consommation de la richesse* est sa destruction partielle ou totale en un temps court (ex.: aliments), moyen (ex.: vêtements), long (ex.: maisons). Les *consommations* sont *productives* (ou reproductives) quand elles sont nécessaires ou utiles à la formation de nouveaux produits matériels ou immatériels (pain restaurant les forces), *improductives* dans le cas contraire (feu en pure perte). Les improductives en apparence peuvent être productives en réalité; ex.: consommations improductives de l'enfant, du jeune homme, qui doivent être transformées en éducation, instruction, vertus, talents à leur profit et au profit de la société.

La *question du luxe*, c'est-à-dire du superflu, suppose la distinction du superflu inutile (intempérance, prodigalité, vanité), et du superflu utile ou même nécessaire (représentation conforme au rang, aux fonctions, convenances vraies, monuments pour les grandes choses, fêtes où s'expriment et s'alimentent les sentiments religieux, patriotiques, collections scientifiques, artistiques, etc.).

Les *dépenses de l'Etat*, faites dans l'intérêt des habitants et avec leur argent, doivent 1° être soumises au consentement et au contrôle des représentants du pays, 2° suivre les mêmes règles de sage administration que les dépenses des particuliers. — *L'impôt* est la quote-part de chaque citoyen dans les dépenses communes; il est un devoir civique de solidarité; même lourd, même mal réparti et mal dépensé, il est moins onéreux que les dépenses auxquelles serait réduit chaque particulier pour se procurer les mêmes avantages. — Les impôts directs doivent être proportionnés aux fortunes présumées, mais les impôts progressifs seraient des confiscations déguisées, et une perte finale pour la fortune publique. Les impôts indirects (autrefois aides) ont l'avantage de se combiner avec la valeur des objets, d'entrer dans les usages, et d'être moins sensibles. Tel trouve lourde sa contribution directe qui, presque sans s'en apercevoir, paie le triple ou le quadruple en impôts indirects.

La rédaction régulière des recettes et des dépenses de l'Etat est *le budget*, indispensable à l'Etat comme la tenue des livres aux commerçants.

L'Etat comme les particuliers peut recourir à *l'emprunt*; il doit le faire avec cette combinaison de confiance et de prudence qui est le caractère des bonnes et grandes entreprises; l'emprunt n'est sage que s'il est suivi de l'amortissement, et juste que si la génération suivante doit profiter des dépenses qu'elle est chargée d'amortir.

MÉTAPHYSIQUE ET THÉODICÉE, I.

Le problème de la certitude. C'est avant tout une question de fait.

Au lieu de partir de l'hypothèse dangereuse : « il n'y a peut-être rien de certain, » il faut partir de ce fait indubitable : « il y a beaucoup de propositions dont nous ne doutons nullement, et dont nous sentons qu'il serait insensé de douter. » Il est utile de classer ces propositions indubitables, pour éviter de demander à un ordre de vérités les caractères ou les conditions d'un autre.

1. SENS INTIME : je pense, je veux, j'existe, etc.
2. RAISON : Tout ce qui commence a une cause, toute bonne action est méritoire, etc.
3. SENS : j'ai un corps, le soleil brille, voici une rivière, etc.
4. GÉNÉRALISATION après expérience suffisante (induction) : les corps sont poreux, l'ammoniaque est soluble dans l'eau, etc.
5. DÉDUCTION : la pyramide est le tiers du prisme de même base et de même hauteur, etc.
6. LE TÉMOIGNAGE : Marius a vaincu les Cimbres, le Dniester arrose la Galicie, etc.

Règle pratique essentielle : on doit admettre comme vraie toute proposition qui a son évidence propre, soit immédiate (1, 2, 3), soit médiate (4, 5, 6).

A la question de fait succède la question spéculative : la certitude qui est une loi de l'esprit humain a-t-elle une valeur objective ? La réponse affirmative est un axiome, dont la démonstration est impossible, mais inutile.

Le scepticisme est l'état de l'esprit qui doute. Le doute n'est raisonnable que quand il est la demande des preuves et des démonstrations des vérités qui n'atteignent l'évidence qu'à cette condition (4, 5 et 6). Sans connaître directement les preuves et les démonstrations, on peut y croire légitimement et quelquefois on le doit sur l'affirmation d'un nombre évidemment suffisant d'hommes compétents. (Ex.: Si plusieurs astronomes prédisent une éclipse.)

Ici intervient la morale. Le scepticisme n'a point de droits. L'ignorance d'un ordre de vérités ne saurait être érigé en doctrine. La passion a faire prévaloir une négation est illégitime ; elle peut devenir un mal social.

L'idéalisme est la négation de l'existence de la matière, ou celle de l'étendue comme propriété essentielle de la matière : double exagération. Nos sensations n'étant pas notre œuvre, ont une cause extérieure : voilà la base inébranlable de notre croyance au monde extérieur ; ce monde se manifeste à nous par la résistance et par conséquent par la force ; ce point de vue, très-important, ne doit pas faire oublier que les corps se manifestent aussi invinciblement par l'étendue.

MÉTAPHYSIQUE ET THÉODICÉE, II.

Diverses conceptions sur la matière et la vie.

Trois manières de concevoir les corps : 1. des substances étendues (Descartes) ; 2. des réunions de forces simples (Leibniz) ; 3. des substances étendues dont les parties intégrantes (atomes) sont indivisibles de fait, quoique divisibles par la pensée, étendues cependant et douées de force attractive et répulsive (1).

Quatre manières de concevoir la vie dans les plantes, les animaux et l'homme : 1. la vie est le résultat de l'organisation ; 2. l'organisation est une condition de la vie, mais le principe vital est distinct de l'organisation, même dans les plantes (ce principe est ou un fluide spécial, ou l'éther, ou une âme, un être immatériel) ; 3. l'organisation est produite par une âme, et cette âme dans l'homme ne diffère pas de l'âme pensante et voulante ; 4. l'organisation et le principe vital ont chacun leur part dans la vie des plantes, et l'âme ajoute la sienne dans les corps animés ; l'âme humaine surtout, unie à une organisation déjà préparée par les forces physiques et chimiques et par une force vitale spéciale qui n'est pas une seconde âme, achève de constituer le CORPS HUMAIN, lui donne et lui maintient sa FORME propre, suivant le langage d'Aristote adopté par les conciles. (Voir psychologie 9.) (2).

Ces quatre systèmes sont connus sous les noms 1. d'organicisme, 2. de vitalisme, 3. d'animisme immodéré ou exclusif, 4. d'animisme modéré. Ce dernier paraît seul répondre d'une manière satisfaisante à la question, d'ailleurs mystérieuse, de la vie humaine, à celle de l'union de l'âme et du corps, et à celle de l'unité de la personne humaine en deux substances.

---

(1) Voir, sur cette question et sur la précédente, les *Essais* de M. Th.-H. Martin, chefs-d'œuvre de bon sens vraiment complet. Ce grand philosophe remarque fort bien que la pensée et l'étendue sont absolument incompatibles, mais qu'il n'en est pas ainsi de l'étendue et d'une force motrice inconsciente. C'est l'erreur de Leibniz d'avoir confondu ces deux incompatibilités, l'une vraie, l'autre fausse.

(2) Voir encore les *Essais* de Th.-H. Martin.

MÉTAPHYSIQUE ET THÉODICÉE, III.

L'esprit. Matérialisme et spiritualisme.

L'esprit et la matière se distinguent par des caractères essentiels contradictoires : 1. l'esprit, l'être pensant, est simple, la pensée ne pouvant avoir, de sa nature, aucune dimension ; la matière est étendue en trois dimensions, longueur, largeur, épaisseur ; 2. l'esprit est actif, il a l'initiative de ses actes, la matière est inerte, n'a pas d'initiative, et subit l'action extérieure ; 3. l'esprit dans l'homme est raisonnable et libre, les forces de la nature sont aveugles et fatales.

Le matérialisme est la négation de l'âme distincte du corps ; il se résume dans cette hypothèse que l'âme n'est pas un être, mais un ensemble des résultats produits par les forces organiques. Cette hypothèse, contraire au sentiment naturel et profond que nous avons de notre personnalité pensante, raisonnable et responsable de ses actes, ne peut être démontrée, et les matérialistes en conviennent.

Quelques anciens résumaient cette hypothèse dans la comparaison de l'âme avec l'harmonie d'une lyre. Il serait plus exact de comparer l'âme au musicien, qui se sert de la lyre et qui connaît l'harmonie.

Le matérialisme vulgaire a sa source dans de mauvaises dispositions morales ; qui vit des sens et de la vie purement animale, perd peu à peu le sentiment de la supériorité de l'âme et de sa nature à part.

Le matérialisme scientifique a sa source dans l'habitude de l'observation des phénomènes physiques et physiologiques, et la tendance systématique qui s'ensuit de vouloir ramener tous les faits à cet ordre d'observation. Berkeley, fortement préoccupé des phénomènes de l'âme et de sa nature supérieure, tombait dans l'excès opposé. Les deux sont insoutenables aux yeux du bon sens et d'une observation scientifique impartiale et complète.

Droit du matérialisme : être respecté dans son opinion, même par ceux qui sont convaincus de son erreur. Mais se sachant en opposition 1° avec les instincts de l'humanité, 2° avec les enseignements de la religion, 3° avec les opinions des philosophes les plus célèbres depuis Socrate jusqu'à Kant, où prendrait-il le droit de regarder sa négation hypothétique comme si certaine ? où surtout le droit de la transformer en maxime d'État ?

MÉTAPHYSIQUE ET THÉODICÉE, IV.

Dieu : son existence et ses attributs. Nous sentir causes de nos actes, concevoir que nos sensations ont d'autres causes que nous, et que les causes secondes ont une cause première, ces trois notions sont semblables et ont la même valeur. Le sentiment instinctif d'une cause première nécessaire, voilà l'idée de Dieu dans sa simplicité essentielle. La réflexion lui donne ensuite diverses formes. Dieu est la cause première, 1° de notre être et de nos facultés, 2° des corps et de leurs propriétés, 3° des mouvements réguliers des corps et de leurs lois, 4° de l'ordre de la nature ou des harmonies innombrables entre les moyens et les fins, 5° de la raison et des idées universelles, entre autres de celles du parfait, de l'infini, du vrai, du bien, du beau, etc., 6° de l'obligation morale, loi supérieure et impérative des êtres libres. — Dieu, conçu comme cause première, l'est par là même comme être nécessaire, raison suprême de toute chose, principe et fin, raison éternelle, bien souverainement désirable. — Auteur de l'obligation, il est conçu comme juge nécessaire et définitif du mérite et du démérite, régulateur absolu de nos destinées.

Les attributs de l'être nécessaire sont nécessaires aussi. On les distingue en métaphysiques (négatifs) et moraux (positifs) : 1° unité, simplicité, immutabilité, immensité, éternité ; 2° toute-puissance, sagesse, bonté, justice, véracité, etc., et d'un seul mot providence.

Le problème du mal est dans cette question : comment le mal se concilie-t-il avec la puissance et la bonté divines ? L'écueil est de supposer que ces attributs doivent être démontrés, tandis qu'ils sont conçus comme nécessaires et au-dessus de toute démonstration. Le problème est donc seulement une difficulté. La solution entière n'est pas possible ici-bas, précisément parce qu'il faut que nous ayons confiance en la Providence. Mais on doit distinguer : 1° le mal métaphysique ou IMPERFECTION essentielle de la créature ; 2° le mal physique ou DOULEUR, conséquence de la sensibilité, condition de la vie physique, épreuve des êtres moraux, occasion des fortes vertus, souvent expiation solidaire, toujours motif profond d'espérer en une vie meilleure ; 3° le mal moral ou PÉCHÉ, choquant pour la raison, mais dont l'être libre créé est seul cause responsable.

L'optimisme est la conséquence de la croyance en Dieu, dont les œuvres sont nécessairement bonnes ; toutefois le monde, à aucun moment de sa durée, n'est le meilleur possible, puisqu'il est perfectible ; l'optimisme absolu est contradictoire avec l'idée même d'imperfection ou de fini.

Le pessimisme est la conséquence de l'athéisme. Si je ne crois pas en Dieu, mes douleurs n'ont ni explication, ni consolation, ni remède, ni espérance, et cette proposition « la vie est par essence « douleur » (Schopenhauer) aboutit logiquement à celle-ci « l'anéan- « tissement est le bien suprême. »

MÉTAPHYSIQUE ET THÉODICÉE, V.

L'*immortalité de l'âme* est la conséquence de sa spiritualité.

Je me sens distinct du corps par la causalité, la pensée, le sentiment, la responsabilité de mes actes, je sais que tout a sa raison, et je conclus comme Spinosa (et plus sûrement que lui) : « JE ME SENS IMMORTEL. »

On donne à cette notion instinctive de l'immortalité personnelle et substantielle plusieurs formes réfléchies.

1° L'âme est SIMPLE, sans parties ; donc elle est indivisible, indestructible, sauf un acte miraculeux qui serait sans raison et contradictoire avec la sagesse divine.

2° L'âme est pleine d'ASPIRATIONS AU MEILLEUR. Elle sait et veut toujours savoir davantage, et le plus savant est précisément celui qui sent le mieux le tourment d'ignorer ; comme intelligence, l'âme n'atteint point sa fin dans cette vie. — Même remarque sur la poursuite du beau par le poète ou l'artiste. — L'âme agit et voudrait agir avec moins de difficulté et plus d'efficacité ; l'homme de bien sent sa vertu défectueuse, contrariée par les mille obstacles de la vie, et plus il aime le bien et Dieu qui en est le principe, plus il gémit de son imperfection personnelle et de son impuissance ; cette vertu vacillante, incomplète, est une marche vers le but, ce n'est pas le but. — L'âme veut être heureuse, et se sent environnée de peines sans cesse renaissantes ; son état actuel ne répond jamais à ses désirs ; il y répondrait, qu'elle n'y voudrait aucun terme. — Puisque Dieu n'est pas trompeur, et que nos tendances, dont il est l'auteur, n'ont point ici-bas leur satisfaction pleine et durable, elles l'auront par la permanence de notre être et sa perfection future, si toutefois nous ne nous en sommes pas rendus indignes.

3° Car la vie future est liée moralement à la vie présente par la RESPONSABILITÉ, par le mérite et le démérite, par la loi des récompenses et des peines. En ce sens, nous sommes les artisans de notre immortalité. La sanction du bien et du mal est insuffisante et souvent fausse en cette vie (morale n° 3) ; il faut, suivant l'expression de Rousseau, « que l'ordre soit rétabli après la mort. »

Ces trois ordres de considérations s'appellent preuve physique, preuve métaphysique, preuve morale. On peut y joindre la preuve par l'assentiment ou le pressentiment universel, qui ne peut être un effet sans cause.

FIN DES SOMMAIRES.

www.ingramcontent.com/pod-product-compliance
Lightning Source LLC
LaVergne TN
LVHW051513090426
835512LV00010B/2505